THOMAS LOEFFLER
PHOTOGRAPHIES D'ILONA CHOVANCOVA

Petits plats VEGAN

AVEC
The Chef Tomy

30 recettes
pour se régaler
sans protéines animales

MARABOUT

Avant-propos

Hello, moi c'est Thomas, un jeune Alsacien de 27 ans amoureux de la nature, des animaux, du sport et de la cuisine. Vous me connaissez peut-être déjà à travers mon compte Instagram The Chef Tomy (@thecheftomy) sur lequel je poste des recettes végétales faciles et rapides.

J'ai toujours aimé la cuisine. Cet intérêt s'est renforcé il y a quatre ans, précisément au moment où j'ai décidé d'arrêter de consommer des produits d'origine animale. Au départ, c'était un simple défi de deux semaines sans viande avec ma maman, qui avait de gros problèmes de santé à l'époque. Nous voulions voir si une alimentation à base de végétaux pouvait avoir un impact positif sur sa santé. Ces deux semaines ont totalement changé nos vies...

J'ai vite réalisé que notre système alimentaire actuel était utopique et non viable pour les générations futures. En réalité, il est possible de se nourrir sans générer de souffrance animale et de manière beaucoup plus durable, car la Terre nous offre tout ce dont nous avons besoin.

En expérimentant de mon côté, je me suis découvert une vraie passion pour la cuisine végétale et j'ai décidé d'en faire mon métier : mon premier business de pâtisseries vegan a vu le jour en Colombie en 2020, en parallèle de mes études.

Dans un coin de ma tête, j'ai toujours eu cette envie d'écrire un livre de recettes, qui servirait de base à toutes les personnes qui souhaitent végétaliser leur alimentation. Car oui, bien souvent, on ne sait pas par où commencer... Aujourd'hui, ce rêve devient réalité !

Cet ouvrage est tout simplement celui que j'aurais aimé avoir le jour où j'ai arrêté de manger de la viande. J'ai voulu vous transmettre mon savoir à travers des techniques et des recettes simples qui, je l'espère, vous faciliteront la vie. Au fil de ces pages, vous trouverez tout ce dont vous avez besoin pour débuter.

Merci de me suivre dans cette aventure culinaire, et j'espère que vous prendrez autant de plaisir à réaliser ces recettes que j'en ai eu à les créer.

Sommaire

Les incontournables de ma cuisine

1 Les céréales

Elles occupent pour moi une place importante car elles constituent ma source d'énergie principale. Elles sont très riches en nutriments essentiels tels que les glucides, les protéines, les fibres, les vitamines et les minéraux. Parmi mes favorites, on retrouve le quinoa, le blé, le riz, l'orge, l'avoine, le millet et l'épeautre.

2 Les graines

Elles sont bénéfiques pour l'organisme, notamment en favorisant la digestion, en réduisant le risque de certaines maladies chroniques ou encore en améliorant la santé cardiaque et cérébrale. Graines de courge, de chia, de lin, de sésame, de tournesol, de chanvre… vous avez l'embarras du choix.

3 Les légumineuses

Elles sont très présentes dans mes recettes car elles sont elles aussi une excellente source de nutriments – en particulier de protéines – et de fibres. Elles permettent de réaliser de nombreuses recettes comme le houmous, la sauce bolognaise, les soupes, les croquettes végétales… Mes légumineuses préférées sont les pois chiches, les lentilles et les haricots rouges.

4 Les oléagineux

Ils sont très intéressants d'un point de vue nutritionnel car ils apportent des bonnes graisses (acides gras insaturés) et des protéines. Ils sont faciles à intégrer dans les desserts pour en faire des versions plus saines. Amandes, noisettes, noix, noix de cajou et pistaches sont les plus utilisées.

5 Les farines

La farine est l'ingrédient de base de nombreuses recettes de cuisine et de pâtisserie. Elle est généralement fabriquée à partir de graines de céréales telles que le blé, le seigle, l'orge, le maïs ou le riz, qui sont moulues en fine poudre. Je privilégie les farines de qualité et sans gluten dans mes recettes.

6 Les boissons végétales

Il existe de nombreuses boissons végétales (ou « laits » végétaux : lait de soja, d'avoine, d'épeautre, d'amande, de coco et bien d'autres encore...). Ces boissons ont des usages multiples, je les incorpore dans de nombreuses recettes aussi bien sucrées que salées.

7 Les huiles

J'accorde vraiment beaucoup d'importance à la qualité des huiles que j'utilise dans ma cuisine, car elles peuvent amener vos plats à un niveau supérieur. Parmi mes favorites, vous retrouverez les huiles d'olive, de noix, de sésame torréfié et de lin.

Les incontournables de ma cuisine

8 Les fruits et légumes de saison

Je fais partie de ces personnes qui pensent que suivre le cycle naturel des saisons et des produits qui y sont associés est très important. Outre les avantages environnementaux, ces végétaux ont souvent plus de goût, de meilleures qualités nutritionnelles, et leur coût est moins élevé.

9 Les bocaux et conserves

Pois chiches, haricots rouges, maïs, sauces, fruits… les bocaux et conserves sont très intéressants car ils sont pratiques d'utilisation et permettent de conserver les aliments de façon optimale. Lorsque c'est la saison, avec ma maman, nous préparons de nombreux bocaux avec nos fruits et légumes du jardin (sauce tomate maison, compote de pommes, champignons…) que nous stérilisons. Vous pouvez également en trouver dans le commerce à des prix accessibles.

10 Les épices

Selon moi, il est primordial d'avoir un large panel d'épices de bonne qualité pour donner du goût et de la personnalité à vos plats. En plus du sel et du poivre, voici quelques-unes de mes favorites : curry de Madras, paprika fumé, poudre d'ail, herbes de Provence, thym, romarin, basilic, origan, cardamome, cumin…

11 Les algues

J'aime beaucoup utiliser les algues car, outre leurs atouts nutritionnels, elles apportent un goût iodé aux plats et rappellent les saveurs de la mer. Je les intègre principalement dans mes salades, mes soupes, mes sushis ou mes rouleaux de printemps. Mes favorites sont le nori, la spiruline, la dulse, le kombu et le wakamé.

12 Les produits sucrants (solides et liquides)

Avouez-le, on aime tous se faire plaisir de temps en temps avec une petite note sucrée pour le goûter ou en fin de repas. Malheureusement, le sucre est assez dangereux pour la santé, surtout le sucre blanc. C'est pourquoi je vous conseille de le remplacer par des alternatives non raffinées, avec un indice glycémique plus bas. Mes favorites sont le sirop d'agave, le sirop d'érable, le sucre de coco ou encore le sucre de canne complet.

13 Les condiments

Les condiments asiatiques occupent une place très importante dans ma cuisine. Certains d'entre eux apportent notamment ce goût « umami », si spécifique à mes plats. Parmi mes indispensables, on retrouvera la sauce soja, le tamari, le miso, le vinaigre de riz et la pâte de piment.

14 Les herbes fraîches

Les herbes fraîches permettent de parfumer tous les plats et les rendent plus savoureux. Personnellement, je veille à en avoir toujours sous la main (dans mon jardin l'été et dans ma petite serre d'intérieur en hiver). Mes incontournables sont le persil, le basilic, la menthe, le thym, le romarin, la ciboulette, l'aneth… et bien d'autres encore.

Mes ingrédients secrets

1 La levure maltée

C'est l'un de mes ingrédients favoris pour apporter un goût légèrement « fromagé » à de nombreuses recettes. La levure maltée, faite à partir de la fermentation du malt d'orge, est considérée comme un « superaliment ». Je m'en sers au quotidien dans mes plats de pâtes, mes fromages végétaux, mes sauces ou encore mes soupes. Bonne nouvelle : vous aurez l'occasion d'apprendre à l'utiliser dans différentes recettes de ce livre !

2 Le miso

J'utilise cette pâte fermentée, traditionnellement consommée au Japon, afin de remplacer le sel ou la sauce soja, mais également pour ses bénéfices en termes de santé. En effet, le miso est riche en protéines, en probiotiques et en enzymes digestives, qui permettent d'équilibrer la flore intestinale et de lutter contre les troubles de la digestion ou les inflammations.

3 Les graines de lin

Les graines de lin sont parfaites pour remplacer les œufs quand on fait de la pâtisserie végétale. Il suffit de mélanger 1 cuillère de graines de lin moulues avec 2 ou 3 cuillères d'eau tiède et de laisser reposer environ 10 minutes : vous obtiendrez un « œuf végétal » parfait. En outre, elles sont riches en nutriments, aident à digérer et ont des propriétés anti-inflammatoires. Vous pouvez facilement les ajouter à vos smoothies, porridges et desserts.

4 Les champignons séchés

Lorsque c'est la saison, j'adore aller en forêt avec mon père pour cueillir des champignons (cèpes, bolets, girolles, pieds-de-moutons, trompettes-de-la-mort...). Les faire sécher nous permet de les conserver pendant des mois mais aussi de concentrer leurs arômes et saveurs. Côté pratique, ils peuvent être réhydratés facilement et rapidement avant utilisation. Ils sont souvent moins chers que des champignons frais du commerce.

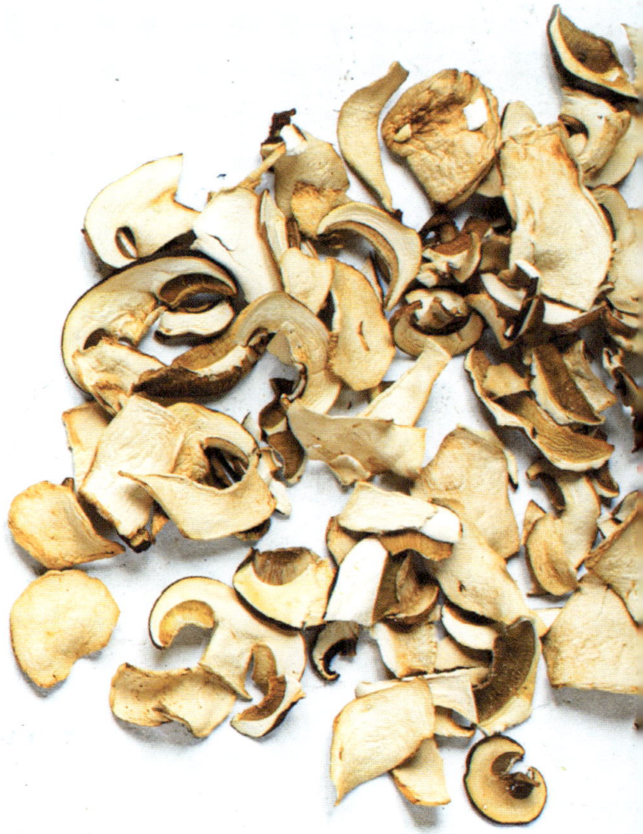

5 Les pousses de brocoli

J'aime utiliser les pousses de brocoli (mais également de soja et de haricots mungo) pour décorer et assaisonner de nombreux plats comme les salades, les toasts ou encore les woks de légumes. En plus de leur goût subtil, elles sont riches en sulforaphane, un composé organosulfuré qui a des propriétés antioxydantes et anti-inflammatoires très puissantes.

6 Le sel kala namak

Le kala namak est un sel de montagne noir, non iodé et produit dans les mines de sel rose de l'Himalaya. Il est très riche en soufre, ce qui lui donne une odeur semblable à celle de l'œuf. Je vous recommande d'ajouter cet ingrédient à vos préparations comme les omelettes végétales ou les quiches. On le trouve en magasins bio, en ligne et même dans certains supermarchés.

Mes meilleures alternatives • Mes meilleures alternatives
alternatives • Mes meilleures alternatives

Mes meilleures alternatives • Mes meilleures alternatives

Mes meilleures alternatives • Mes meilleur

La sauce bolognaise ultime

Pour
6 portions

Préparation 10'
Cuisson 30'

Difficulté
5/10

INGRÉDIENTS

250 g de lentilles sèches • 400 g de champignons de Paris • 200 g de noix • 2 c. à soupe d'huile d'olive • 1 oignon rouge • 2 carottes • 4 gousses d'ail • 2 branches de céleri • 2 c. à soupe de vinaigre balsamique • 800 ml de sauce tomate • 2 c. à soupe de concentré de tomates • 1 ou 2 c. à café de paprika fumé • 1 ou 2 c. à soupe d'herbes de Provence • 1 poignée de basilic frais • 2 c. à soupe de levure maltée • 1 c. à café de sel • 1 c. à café de poivre

1. Faites cuire les lentilles à feu moyen dans deux fois leur volume d'eau. Couvrez-les et réservez-les une fois que toute l'eau est absorbée (environ 20 minutes).

2. Pendant ce temps, mixez finement les champignons et les noix.

3. Dans une grande casserole, faites revenir ce mélange à feu moyen avec 1 c. à soupe d'huile d'olive, jusqu'à ce que l'excédent d'eau des champignons s'évapore. Réservez.

4. Émincez finement l'oignon, les carottes, l'ail et les branches de céleri et faites-les revenir à feu moyen dans la casserole avec 1 c. à soupe d'huile d'olive.

5. Déglacez au vinaigre balsamique.

6. Ajoutez le mélange noix-champignons, les lentilles cuites, la sauce tomate, le concentré de tomates, les épices, les herbes et la levure maltée. Laissez mijoter à feu doux pendant au moins 20 minutes pour que les arômes puissent se développer.

Le conseil du chef

Vous pouvez préparer cette sauce bolognaise en grande quantité, puis la congeler en portions individuelles à utiliser lorsque vous en avez besoin.

Comment la déguster ?

Dans des lasagnes

Cette sauce bolognaise est juste parfaite pour réaliser des lasagnes. Vous trouverez le détail de cette recette p. 66.

Dans des pâtes à la bolognaise

Qui n'aime pas les pâtes à la bolognaise ? Je vous conseille d'ajouter un peu de sauce tomate supplémentaire à votre sauce pour la rendre plus liquide, et de la mélanger aux pâtes de votre choix avec un peu de parmesan végétal.

Dans des crêpes farcies

C'est une recette que ma grand-mère me fait depuis que je suis tout petit. Étalez une généreuse quantité de sauce bolognaise sur vos crêpes, recouvrez avec de la béchamel végétale (recette p. 66), enroulez-les et disposez-les dans un plat. Enfournez pour 20 minutes à 180 °C.

Dans un hachis Parmentier

Dans un plat allant au four, disposez une généreuse quantité de sauce bolognaise. Recouvrez de purée (recette p. 73) et d'un peu de chapelure panko. Enfournez pour 30 minutes à 180 °C et régalez-vous.

Steak végétal

Pour
8-10 portions

Préparation 25'
Cuisson 20'

Difficulté
5/10

INGRÉDIENTS

300 g de champignons de Paris • ½ oignon rouge • 4 gousses d'ail • 1 carotte • 2 c. à soupe d'huile d'olive • 200 g de tofu fumé • 200 g de haricots rouges égouttés • 200 g de pois chiches égouttés • 80 g de noix • 1 à 2 c. à café de paprika • 1 c. à soupe d'herbes de Provence • 2 c. à soupe de sauce soja (ou tamari) • 40 g de concentré de tomates • 70 g de farine d'avoine (ou autre) • 2 c. à soupe de levure maltée

1. Émincez finement les champignons, l'oignon, l'ail et la carotte.

2. Dans une poêle huilée, faites revenir l'oignon et l'ail quelques minutes, puis ajoutez la carotte et les champignons. Laissez cuire à feu moyen jusqu'à ce que l'excédent d'eau des champignons soit évaporé.

3. Déchirez grossièrement le tofu et placez-le dans le bol du mixeur avec les haricots rouges, les pois chiches et les noix. Mixez le tout assez grossièrement (gardez des morceaux pour le jeu de textures).

4. Ajoutez la poêlée de légumes, le paprika, les herbes, la sauce soja, le concentré de tomates, la farine d'avoine et la levure maltée. Mixez à nouveau quelques secondes.

5. Si vous avez le temps, laissez reposer la préparation pendant 1 heure au réfrigérateur.

6. Formez des petites galettes d'environ 100 grammes. Faites-les cuire au four pendant 20 minutes à 180 °C, ou dans une poêle avec un filet d'huile d'olive.

Le conseil du chef

Vous pouvez préparer ces « steaks » à l'avance et les congeler en portions individuelles à utiliser lorsque vous en avez besoin.

Comment le déguster ?

Dans des burgers
Ces steaks végétaux sont parfaits pour les burgers. Personnellement, je vous conseille d'y ajouter de la salade, des tomates, du guacamole, des poivrons rôtis et des oignons confits.

Dans des légumes farcis
Vous pouvez aussi utiliser votre préparation avant cuisson, en l'ajoutant à des légumes farcis. Par exemple, j'aime vider des courgettes et des poivrons et y incorporer la farce. Ensuite, il n'y a plus qu'à enfourner pour environ 30 minutes à 180 °C.

En boulettes végétales
Utilisez la farce pour façonner des petites boulettes avec vos mains. Disposez-les sur une plaque de cuisson et enfournez pour 20 minutes à 180 °C.

En haché végétal
Faites cuire les steaks dans une poêle et écrasez-les (un peu comme vous le feriez avec de la viande hachée) pour ensuite les incorporer à tous vos plats favoris.

Émincé de seitan (comme du poulet)

Pour
4 portions

Préparation 15'
Cuisson 30'

Difficulté
6/10

INGRÉDIENTS

200 g de pois chiches égouttés • 2 c. à soupe de levure maltée • 2 c. à café de curry • 1 c. à café de paprika fumé • 1 c. à café de poivre • 1 c. à soupe de miso rouge (optionnel) • 1 c. à soupe de sauce soja (ou tamari) • 500 ml de bouillon de légumes • 200 g de gluten de blé pur • 1 c. à soupe d'huile d'olive

1. Dans le bol d'un mixeur, versez les pois chiches, la levure maltée, le curry, le paprika, le poivre, le miso rouge, la sauce soja et 150 ml de bouillon de légumes. Mixez le tout une première fois.

2. Ajoutez le gluten de blé et mixez une seconde fois.

3. Transférez le mélange sur votre plan de travail et pétrissez pendant quelques minutes (ce processus va permettre d'activer les fibres élastiques du gluten).

4. Divisez le mélange en 4 pâtons, formez des boudins de 20 cm de long et faites des nœuds.

5. Dans une poêle chaude préalablement huilée, placez les boules de seitan et versez un fond de bouillon de légumes. Couvrez et laissez cuire à feu doux. Au fur et à mesure que le bouillon s'évapore, rajoutez-en (il faudra utiliser la totalité des 350 ml restants).

6. Après environ 30 minutes, le seitan sera cuit.

7. Laissez refroidir et déchirez en morceaux ressemblant à un émincé de poulet.

L'astuce du chef

Pour que votre seitan soit bien croquant, je vous conseille de le placer sur une plaque de cuisson après l'avoir fair cuire à la poêle et de l'enfourner pour une dizaine de minutes.

Comment le déguster ?

Dans des gyros, chawarmas ou wraps
Servez-vous de cet émincé de seitan maison pour réaliser gyros, chawarmas ou wraps maison. Vous retrouverez cette texture légèrement élastique un peu similaire à celle du poulet.

En salade
Ces émincés de seitan sont parfaits pour accompagner les salades. Vous pourrez par exemple reproduire une salade César 100 % végétale vraiment bluffante.

Dans des ragoûts
J'adore utiliser le seitan dans mes ragoûts. En effet, en le laissant mijoter assez longuement dans une sauce, vous obtiendrez une texture très tendre et fondante.

Pleurotes façon KFC® wings

Pour
4 portions

Préparation 15'
Cuisson 15'

Difficulté
6/10

INGRÉDIENTS

500 g de pleurotes • 200 g de farine • 1 c. à soupe de curry • 1 c. à café de paprika fumé • 1 c. à café de poudre d'ail • 1 c. à café de sel • 1 c. à café de poivre • 300 ml de lait de soja • 100 g de corn-flakes • 500 ml d'huile de tournesol (ou autre)

1. Dans un bol, combinez la farine, le curry, le paprika fumé, la poudre d'ail, le sel et le poivre. Ajoutez le lait végétal petit à petit tout en mélangeant avec un fouet. Réservez.

2. Mixez les corn-flakes assez finement et versez-les dans un second bol.

3. Plongez les champignons un à un dans le mélange à base de lait végétal, puis dans les corn-flakes afin de bien les enrober.

4. Plongez-les ensuite dans l'huile bien chaude et faites-les frire jusqu'à ce qu'ils soient bien dorés.

5. Placez-les sur du papier absorbant, salez légèrement et dégustez.

L'astuce du chef

Pour une version plus saine et sans huile, je vous recommande de les faire cuire à l'air fryer pendant environ 15 minutes à 180 °C.

Comment les déguster ?

À l'apéritif
Connaissez-vous tous les fameuses « buckets » de poulet frit ? Vous pouvez servir ces wings de pleurotes de la même façon, avec une mayonnaise végétale. Vos invités vont se régaler.

Dans des burgers
Utilisez ces wings de pleurotes pour réaliser des burgers maison, afin d'apporter du croustillant et de la gourmandise à chaque bouchée.

Dans des salades et des bowls
Tout comme le seitan, ces pleurotes sont parfaits pour accompagner les salades composées ou les bowls. Il vous suffit de les couper en tranches et de les disposer sur votre plat.

Bâtonnets de tofu façon poisson pané

Pour
4 portions

Préparation 15'
Cuisson 15'

Difficulté
5/10

INGRÉDIENTS

400 g de tofu extra-ferme • 100 g de fécule de maïs • 4 c. à soupe de sauce soja • 2 c. à soupe de poudre de nori (ou d'un mélange d'algues séchées) • 1 c. à café de paprika fumé • 100 ml de lait de soja • 200 g de chapelure type panko • ½ citron pressé

1. Épongez le bloc de tofu sur du papier absorbant. Coupez ensuite des bâtonnets à la taille souhaitée.

2. Dans un premier bol, versez la fécule de maïs.

3. Dans un second bol, mélangez la sauce soja, la poudre de nori, le paprika et le lait de soja.

4. Dans un troisième bol, versez la chapelure.

5. Trempez les bâtonnets de tofu les uns après les autres dans la fécule de maïs. Trempez-les ensuite dans le mélange à base de lait de soja puis dans la chapelure de manière à les enrober généreusement.

6. Placez-les sur une plaque de cuisson recouverte de papier sulfurisé et enfournez pour 15 à 20 minutes à 185 °C.

Le conseil du chef

Pour une version plus gourmande, vous pouvez les faire cuire dans une poêle avec de l'huile d'olive.

Comment les déguster ?

À l'apéritif
Servez ces bâtonnets de tofu avec une mayonnaise végétale ou la sauce de votre choix. Ils disparaîtront en un temps record !

En fish & chips
Vous aimez le traditionnel fish & chips ? Vous pouvez reproduire cette recette avec ces bâtonnets. La ressemblance sera juste incroyable, tant au visuel qu'au goût.

Dans des burgers
Vous pouvez utiliser ces bâtonnets de tofu pour faire des burgers vegan riches en protéines. Je vous conseille d'y associer de l'avocat, de la salade, des pickles d'oignons et une mayonnaise végétale.

Salade façon thon mayo

Pour
4 portions

Préparation 10'

Difficulté
4/10

INGRÉDIENTS

400 g de pois chiches cuits et égouttés • 1 poignée d'aneth frais • ½ oignon rouge • 1 petite branche de céleri • 1 feuille de nori (optionnel) • 100 à 150 g de mayonnaise végétale (recette p. 51) • ½ citron pressé • 1 c. à café de poudre d'ail • Sel et poivre (au goût)

1. Versez les pois chiches cuits dans un bol et écrasez-les grossièrement à l'aide d'une fourchette (gardez quelques morceaux entiers pour le jeu de textures).

2. Émincez finement l'aneth, l'oignon et le céleri, puis transférez-les dans le bol.

3. Enroulez la feuille de nori sur elle-même et coupez-la le plus finement possible à l'aide d'une paire de ciseaux ou d'un couteau.

4. Ajoutez la mayonnaise, le citron pressé, la poudre d'ail, le sel et le poivre.

5. Mélangez afin de bien combiner tous les ingrédients.

L'astuce du chef

Pour une version moins calorique, vous pouvez remplacer la mayonnaise par du yaourt végétal nature.

Comment la déguster ?

En sandwich

Servez-vous de cette salade pour reproduire le fameux sandwich « thon-mayo » en l'associant à de la salade verte et à quelques tranches de tomate.

En bowls

Ajoutez-la à vos bowls maison pour un apport intéressant en protéines et un beau jeu de textures.

En dip

Utilisez-la comme un « dip » à l'apéritif, dans lequel vous pouvez tremper des légumes, du pain ou encore des nachos.

Mozza végétale

Pour
10 boules

Préparation 10'
Cuisson 5'

Difficulté
6/10

INGRÉDIENTS

140 g de noix de cajou • 260 g de yaourt végétal au soja • 1 c. à café de sel • 1 c. à soupe de levure maltée • 3 c. à soupe de fécule de tapioca • 8 g d'agar-agar

1. Faites tremper les noix de cajou environ 10 minutes dans de l'eau chaude, puis égouttez-les.

2. Dans le bol du mixeur, ajoutez les noix de cajou, le yaourt végétal, le sel, la levure maltée et la fécule de tapioca. Mixez jusqu'à obtenir une crème bien lisse.

3. Dans une casserole, versez 100 ml d'eau et l'agar-agar et portez à ébullition.

4. Ajoutez la crème de cajou dans la casserole, mélangez le tout et laissez cuire à feu doux pendant environ 5 minutes.

5. Retirez du feu et, à l'aide d'une cuillère, formez des petites boules de mozzarella, avant de les plonger dans de l'eau glacée pour les solidifier.

L'astuce du chef

Une fois solides, placez vos boules de mozzarella dans un contenant hermétique et conservez-les au frais jusqu'à 1 semaine.

Comment la déguster ?

En salade tomates-mozza
À la saison des tomates, cette alternative vous permettra de réaliser vos fameuses salades tomates-mozza. Le goût est totalement bluffant !

Sur des pizzas
Ajoutez quelques tranches de mozza végétale sur vos pizzas, enfournez pour 5 à 10 minutes et laissez la magie opérer. La mozza végétale va fondre à la perfection.

Dans des lasagnes
Disposez quelques tranches de mozza végétale dans les lasagnes pour leur donner ce côté gourmand et fondant qu'apporte généralement le fromage.

Fromage express

Pour
300 g

Préparation 2'
Cuisson 5'

Difficulté
2/10

INGRÉDIENTS

200 ml de lait de coco • 3 c. à soupe de levure maltée • 2 c. à soupe de fécule de tapioca (ou de fécule de pomme de terre) • 1 c. à café de paprika • 1 c. à soupe de poudre d'oignon • ½ c. à café de sel

1. Versez tous les ingrédients dans une petite casserole et faites chauffer à feu moyen. Remuez énergiquement avec un fouet jusqu'à ce que le mélange épaississe et prenne la texture d'un fromage.

2. Débarrassez et laissez refroidir.

Comment la déguster ?

En dip

Son goût très fromagé et sa texture légèrement élastique en font un dip incontournable pour l'apéritif. Servez-le encore tiède avec des chips ou des nachos, c'est un régal.

Sur des pizzas

Ajoutez ce fromage sur les pizzas et laissez-le fondre. En plus de la texture, il leur donnera un goût vraiment spécial.

Dans des burritos et des tacos

Dans les burritos ou les tacos, ce fromage jouera parfaitement le rôle de « sauce fromagère » pour apporter de la gourmandise.

L'astuce du chef

Pour une texture un peu plus épaisse, vous pouvez ajouter 1 c. à soupe de fécule de tapioca supplémentaire.

MES ALTERNATIVES au fromage

Crémeux de cajou

Pour 200 g

Préparation 10'

Difficulté 2/10

INGRÉDIENTS

150 g de noix de cajou • 1 c. à soupe d'huile d'olive • ½ citron vert pressé • 1 c. à soupe de levure maltée • 1 petite gousse d'ail

1. Faites tremper les noix de cajou environ 10 minutes dans de l'eau chaude puis égouttez-les.

2. Versez tous les ingrédients dans un blender, ajoutez 150 ml d'eau et mixez le tout à haute vitesse jusqu'à obtenir une crème de cajou.

3. Versez le mélange dans un bocal en verre et placez-le au réfrigérateur une nuit pour lui permettre de figer.

L'astuce du chef

Pour encore plus de saveurs, vous pouvez remplacer l'eau par 150 ml de bouillon de légumes.

Comment la déguster ?

En tartines

Ce crémeux de cajou est idéal à tartiner sur du pain, tout simplement. Vous pourrez vous en servir pour faire des petits toasts pour l'apéritif, mais aussi des tartines plus élaborées et complexes.

Dans des sauces

J'adore ajouter quelques cuillères de ce crémeux de cajou à mes sauces lorsque je fais des plats de pâtes ou autres. Il apporte de la gourmandise et une texture onctueuse qui permettent d'emporter vos plats à un niveau supérieur.

Dans des gratins

Utilisez ce crémeux de cajou pour réaliser des gratins de pommes de terre, de pâtes ou de légumes.

Pour l'apéro

apéro
côté asiatique

Pancakes coréens

Pour
2 pancakes

Préparation 10'
Cuisson 10'

Difficulté
4/10

INGRÉDIENTS
200 g de farine
40 g de fécule de maïs
1 c. à café de sel
1 c. à café de curcuma
1 oignon nouveau
1 oignon
1 petite carotte
1 petite courgette
1 petit piment vert (optionnel)
Huile d'olive

1. Dans un grand bol, versez la farine, la fécule de maïs, le sel et le curcuma.

2. Versez 350 ml d'eau petit à petit tout en mélangeant au fouet, jusqu'à obtenir une pâte à la consistance assez épaisse. Si elle est trop épaisse, vous pouvez rajouter un peu d'eau.

3. Coupez finement les oignons et le piment, râpez les carottes et la courgette (si nécessaire, essorez la courgette pour extraire l'excédent d'eau). Incorporez tous les légumes dans la pâte et mélangez bien.

4. Dans une poêle antiadhésive à feu moyen, versez 1 c. à soupe d'huile d'olive puis la moitié de la pâte à pancakes. Utilisez une cuillère pour l'étaler aussi finement que possible sur toute la surface de la poêle et laissez cuire 4 à 5 minutes de chaque côté. Répétez l'opération avec le reste de la pâte pour faire un deuxième pancake.

L'astuce du chef

Cette recette est juste géniale car vous pouvez y intégrer les légumes de votre choix, et donc la faire varier en fonction des saisons.

apéro — côté asiatique

Wings de chou-fleur façon teriyaki

Pour
4 portions

Préparation 10'
Cuisson 30'

Difficulté
6/10

INGRÉDIENTS

1 gros chou-fleur
300 ml de lait de soja
150 g de farine
2 c. à café d'ail en poudre
1 c. à café de paprika fumé
1 c. à café de sel
1 c. à café de poivre
100 g de chapelure panko
Graines de sésame (pour le service)
Oignons nouveaux (pour le service)

Pour la sauce teriyaki

60 ml de sauce soja
4 c. à soupe de sucre de coco
½ c. à soupe de gingembre frais râpé
2 c. à soupe d'arrow-root

1. Mélangez le lait, la farine et les épices dans un bol de taille moyenne. Fouettez le tout pour qu'il ne reste pas de grumeaux.

2. Versez la chapelure panko dans un autre récipient.

3. Après avoir détaché les fleurettes du chou-fleur (en morceaux assez grossiers), trempez-les une à une dans la pâte puis dans la chapelure panko. Disposez-les sur une plaque de cuisson et enfournez pour 25 minutes à 200 °C.

4. Pendant ce temps, versez tous les ingrédients de la sauce teriyaki dans une casserole et ajoutez 200 ml d'eau. Faites chauffer sans cesser de remuer, jusqu'à ce que la sauce épaississe.

5. Une fois que les wings de chou-fleur sont cuits, plongez-les un par un dans la sauce teriyaki et enfournez-les pour 5 minutes supplémentaires.

6. Servez-les avec des graines de sésame et des oignons nouveaux.

L'astuce du chef

Si vous n'aimez pas la sauce teriyaki, vous pouvez la remplacer par de la sauce barbecue.

apéro côté asiatique

Summer rolls

Pour
10 rolls

Préparation 20'

Difficulté
3/10

INGRÉDIENTS
200 g de tofu fumé
1 avocat
1 concombre
1 poignée de persil
Herbes variées au choix
2 petites carottes
1 petit chou rouge
200 g de vermicelles de riz
10 feuilles de riz

1. Coupez le tofu, l'avocat et le concombre en tranches assez fines. Ciselez le persil et les herbes choisies.

2. Râpez ensuite les carottes et le chou rouge (conservez ce que vous n'utilisez pas pour une autre recette).

3. Faites cuire les vermicelles en suivant les instructions figurant sur le paquet. Réservez.

4. Vous pouvez maintenant passer au montage : pour cela, trempez très brièvement les feuilles de riz dans de l'eau tiède et garnissez-les avec les différents ingrédients.

5. Roulez les summer rolls et dégustez-les avec votre sauce favorite.

Tofu croquant au sésame

Pour
4 portions

Préparation 10'
Cuisson 15'

Difficulté
3/10

INGRÉDIENTS
400 g de tofu extra-ferme
80 g de fécule de maïs
200 ml de lait de soja
1 c. à café de poudre d'ail
1 c. à café de paprika
1 c. à café de sel
2 c. à soupe de graines de sésame blanc
2 c. à soupe de graines de sésame noir

1. Commencez par presser le tofu pour évacuer l'excédent d'eau, puis coupez-le en petits triangles.

2. Dans une première assiette creuse, versez la fécule de maïs. Dans une seconde assiette, versez le lait de soja. Dans une troisième assiette, mélangez la poudre d'ail, le paprika, le sel et les graines de sésame.

3. Trempez les triangles de tofu dans la fécule de maïs, puis dans le lait de soja, et enfin dans le mélange à base de graines de sésame de manière à bien les enrober.

4. Disposez-les sur une plaque de cuisson et enfournez-les pour 15 minutes à 180 °C.

L'astuce du chef

Pour encore plus de gourmandise, faites revenir les triangles de tofu à la poêle dans de l'huile d'olive pendant 5 minutes de chaque côté, pour remplacer la cuisson au four.

Toasts au pâté végétal

Pour
2 portions

Préparation 10'
Cuisson 5'

Difficulté
4/10

INGRÉDIENTS

300 g de champignons de Paris
120 g de noix
100 ml de lait végétal (ou d'eau)
1 c. à café de paprika fumé
1 c. à café de poudre d'oignon
1 c. à café de thym
1 c. à café de poivre
1 ou 2 c. à café de levure maltée
1 pincée de sel
4 tranches de pain au choix (ici du pain de campagne)

1. Découpez les champignons et faites-les revenir quelques minutes dans une poêle.

2. Transférez-les dans un mixeur avec les autres ingrédients et mixez brièvement jusqu'à obtenir la texture désirée.

3. Étalez généreusement le pâté végétal sur le pain de campagne en décorant avec quelques morceaux de cornichon ou les herbes de votre choix.

4. Transférez le reste du pâté dans un bocal hermétique. Vous pouvez le conserver jusqu'à une semaine au frais.

L'astuce du chef

Attention à ne pas trop mixer, il est important de garder quelques morceaux pour la texture.

Toasts crémeux au tempeh

Pour
4 portions

Préparation 10'
Cuisson 15'

Difficulté
4/10

INGRÉDIENTS

200 g de tempeh nature
1 c. à soupe d'huile d'olive
1 c. à café de curry
150 g de crémeux de cajou (voir recette p. 32)
1 poignée de ciboulette
Poivre
Pousses de brocoli
4 tranches de pain au choix (ici du pain de campagne)

1. Coupez le tempeh en petits dés et transférez-les dans un bol. Ajoutez l'huile d'olive et le curry, mélangez bien et faites-les griller au four pendant 15 minutes à 180 °C (ou à l'air fryer, 10 minutes à 170°C).

2. Pendant ce temps, préparez le crémeux de cajou et versez-le dans un bol avec la ciboulette finement émincée.

3. Une fois que le tempeh est croustillant, laissez-le refroidir quelques minutes et ajoutez-le dans le bol de crémeux de cajou. Mélangez afin de bien combiner tous les ingrédients.

4. Vous pouvez maintenant dresser sur le pain toasté. Pour une explosion de saveurs, décorez le toast avec quelques pousses de brocoli et ajoutez un tour de moulin à poivre.

Toasts aux tomates confites

Pour
4 portions

Préparation 10'
Cuisson 20'

Difficulté
3/10

INGRÉDIENTS

200 g de tomates cerises (multicolores)
1 c. à soupe d'huile d'olive
1 pincée de sel
200 g de yaourt végétal nature
1 c. à soupe de jus de citron vert
Quelques brins de ciboulette
Quelques pousses de brocolis
4 tranches de pain au choix (ici du pain de campagne)

1. Placez les tomates cerises dans un plat allant au four. Versez l'huile d'olive et le sel par-dessus. Enfournez pour 20 minutes à 185 °C.

2. Pendant ce temps, préparez la crème en mélangeant le yaourt végétal nature, le jus de citron et la ciboulette finement hachée.

3. Étalez une généreuse couche de crème sur le pain toasté. Disposez quelques tomates confites sur le dessus, puis terminez avec quelques pousses de brocolis fraîche et la ciboulette hachée.

L'astuce du chef

Ne jetez pas le jus rendu par les tomates pendant la cuisson. Utilisez-le pour arroser légèrement les toasts, le goût sera juste incroyable.

Muhammara

Pour
4 portions

Préparation 15'
Cuisson 30'

Difficulté
5/10

INGRÉDIENTS

3 poivrons rouges
100 g de noix
50 g de chapelure
2 c. à soupe d'huile d'olive
2 c. à soupe de mélasse de grenade (ou 1 c. à soupe de sirop d'agave)
1 c. à café de cumin
1 pincée de flocons de piment rouge
1 gousse d'ail
1 c. à soupe de jus de citron
1 pincée de sel
1 poignée de persil frais

1. Placez les poivrons sur une plaque de cuisson et enfournez-les pour environ 30 minutes à 200 °C. Laissez-les refroidir quelques minutes et retirez la peau ainsi que la partie supérieure et les pépins.

2. Transférez les poivrons dans un mixeur avec le reste des ingrédients (réservez quelques feuilles de persil) et mixez jusqu'à obtenir la consistance souhaitée.

3. Servez le muhammara dans un plat avec un filet d'huile d'olive et du persil haché.

L'astuce du chef

À la sortie du four, je vous conseille de placer les poivrons dans un sachet hermétique pendant une dizaine de minutes, cela vous permettra de retirer la peau beaucoup plus facilement.

Houmous

Pour
4 portions

Préparation 10'

Difficulté
3/10

INGRÉDIENTS

400 g de pois chiches égouttés
40 g de tahin
2 c. à soupe d'huile d'olive
1 c. à café de sel
2 c. à café de cumin
1 c. à café de paprika fumé (optionnel)
½ citron vert
1 petite gousse d'ail
Quelques feuilles de persil plat
Pain pita ou crackers

1. Versez tous les ingrédients dans un mixeur, sauf le persil plat et le pain.

2. Mixez à grande vitesse pendant plusieurs minutes. Si la texture est trop épaisse, vous pouvez ajouter un peu d'eau (ou de l'aquafaba) au fur et à mesure, jusqu'à obtenir la consistance souhaitée.

3. Étalez le houmous sur un plat et décorez avec un filet d'huile d'olive, du paprika fumé et du poivre moulu.

4. Dégustez le houmous avec du pain pita ou des crackers.

L'astuce du chef

Pour obtenir un houmous super onctueux, je vous recommande d'ajouter 3 ou 4 glaçons pendant que vous mixez. Vous allez voir, ça fait toute la différence !

Dip de chou-fleur

Pour
4 portions

Préparation 5'
Cuisson 15'

Difficulté
4/10

INGRÉDIENTS
1 petit chou-fleur
400 g de yaourt végétal nature (type skyr)
1 poignée de coriandre fraîche
1 c. à café de poudre d'ail
1 c. à café d'aneth séché
1 c. à café d'herbes de Provence
1 citron vert pressé
1 pincée de piment rouge (optionnel)
1 pincée de sel
1 filet d'huile d'olive
10 g de graines de sésame

1. Détachez les fleurettes du chou-fleur en gardant des morceaux assez grossiers et faites-le cuire dans de l'eau bouillante (ou à la vapeur) pendant 10 à 15 minutes (ou jusqu'à ce qu'il soit tendre).

2. Pendant ce temps, hachez finement la coriandre fraîche et mélangez-la dans un bol avec la poudre d'ail, l'aneth, les herbes de Provence, le piment le citron pressé et le yaourt végétal. Réservez.

3. Une fois que le chou-fleur est cuit, mixez-le grossièrement au robot en gardant des petits morceaux.

4. Ajoutez-le à la préparation à base de yaourt, mélangez bien pour combiner le tout et dressez joliment avec un filet d'huile d'olive et quelques graines de sésame sur le dessus.

Guacamole de petits pois

Pour
4 portions

Préparation 15'

Difficulté
3/10

INGRÉDIENTS
400 g de petits pois cuits (en conserve)
½ oignon rouge
2 tomates
1 poignée de persil plat
1 piment jalapeño (optionnel)
1 ou 2 c. à soupe d'huile d'olive
1 c. à café de poudre d'ail
1 citron vert
Sel et poivre (au goût)

1. Commencez par rincer et égoutter les petits pois. Transférez-les dans un bol et écrasez-les à l'aide d'une fourchette.

2. Hachez finement l'oignon, les tomates et le persil. Mélangez-les avec les petits pois.

3. Si vous le souhaitez, ajoutez le piment jalapeño que vous aurez ciselé finement en retirant les graines.

4. Versez ensuite l'huile d'olive, la poudre d'ail, le piment, le jus de citron, le sel et le poivre. Mélangez bien le tout et dressez joliment dans un plat avec un filet d'huile d'olive.

L'astuce du chef

Cette recette est une alternative économique et durable au guacamole traditionnel, car on remplace l'avocat (souvent importé) par des petits pois de production locale.

Mes meilleures sauces et vinaigrettes

Sauce cacahuète

La sauce parfaite pour accompagner les salades, les rouleaux de printemps ou assaisonner les nouilles aux cacahuètes.

INGRÉDIENTS

50 g de beurre de cacahuètes
1 c. à soupe de sauce soja
1 c. à soupe de sirop d'érable
½ c. à café de poudre d'ail
2 c. à café de jus de citron
1 pincée de piment (optionnel)
Eau (si nécessaire pour fluidifier)

Pesto végétal

Pour réaliser ce pesto végétal, je vous conseille d'écraser tous les ingrédients dans un mortier. Si vous n'en avez pas, un mixeur fonctionnera aussi parfaitement.

INGRÉDIENTS

2 grosses poignées de basilic frais
3 c. à soupe de pignons de pin (ou de noix)
3 c. à soupe d'huile d'olive
1 gousse d'ail finement hachée
1 à 2 c. à soupe de jus de citron vert
3 c. à soupe de levure maltée
Sel et poivre (au goût)

Sauce ranch

Voici ma version saine légère de la sauce ranch, sans huile ni produits laitiers. Vous ne pourrez plus vous en passer pour accompagner les salades.

INGRÉDIENTS

100 g de yaourt végétal nature
2 c. à café de jus de citron
1 c. à café de poudre d'ail
1 pincée de poivre
1 pincée de sel
1 c. à soupe d'aneth haché
1 c. à soupe de ciboulette hachée

Vinaigrette balsamique

Pour faire cette vinaigrette italienne à la saveur à la fois piquante et sucrée, versez tous les ingrédients dans un bocal et secouez-le jusqu'à ce que l'huile et le vinaigre soient émulsionnés.

INGRÉDIENTS

60 ml de vinaigre balsamique
120 ml d'huile d'olive
2 c. à soupe de sirop d'érable
1 c. à café d'origan séché
1 gousse d'ail râpée (optionnel)
Sel et poivre (au goût)

Mayonnaise végétale

La seule recette de mayonnaise qu'il vous faut. Contentez-vous de verser les ingrédients dans un grand verre puis d'émulsionner le mélange avec un mixeur plongeant.

INGRÉDIENTS

50 ml d'aquafaba (ou lait de soja)
½ c. à café de moutarde
½ c. à café de sel kala namak
1 c. à soupe de levure maltée
150 ml d'huile de tournesol

Vinaigrette coriandre-citron

Cette vinaigrette verte est parfaite pour accompagner vos salades. Pour la faire, il vous suffit de placer tous les ingrédients dans un blender et de mixer jusqu'à ce qu'elle soit fluide.

INGRÉDIENTS

2 poignées de coriandre fraîche
60 ml d'huile d'olive
3 c. à soupe de jus de citron
1 c. à soupe de sirop d'érable
1 gousse d'ail hachée
Sel et poivre
Eau (pour fluidifier)

Passons à table • Passons à table • Passons à table

Passons à table • Passons à table

• Passons à table • Passons à table

Passons à table • Passons à table • Passons à table

Passons à table • Passons à table

Curry de pois chiches

Pour
4 portions

Préparation 5'
Cuisson 15'

Difficulté
4/10

INGRÉDIENTS

600 g de pois chiches cuits
1 gros oignon
4 gousses d'ail
2 c. à soupe d'huile d'olive
1 ou 2 c. à soupe de curry
1 c. à soupe de garam masala
1 c. à soupe d'herbes de Provence
400 ml de sauce tomate
400 ml de lait de coco
100 g de tomates cerises
1 poignée d'épinards
½ citron vert
1 poignée de persil frais
Sel et poivre (au goût)

Pour les naans

400 g de farine T55
1 c. à soupe de levure chimique
100 g de lait de soja (chaud)
170 g de yaourt au soja nature
1 pincée de sel
1 c. à soupe d'huile d'olive
15 g de margarine végétale
1 c. à soupe de persil finement haché
1 gousse d'ail finement hachée

L'astuce du chef

Je vous recommande de personnaliser cette recette en ajoutant les légumes de votre choix en fonction des saisons (patates douces, potimarron, poivrons, haricots...).

Préparez le curry

1. Émincez finement l'oignon et l'ail. Dans une grande poêle en fonte (ou dans un wok), faites-les revenir 2 minutes à feu vif avec l'huile d'olive.

2. Baissez légèrement le feu, ajoutez les épices et les herbes.

3. Versez ensuite la sauce tomate, le lait de coco et les tomates cerises coupées en deux. Laissez mijoter à feu moyen pendant 5 à 8 minutes.

4. Ajoutez les épinards et les pois chiches égouttés. Laissez mijoter 5 minutes supplémentaires.

5. Pour finir, coupez le feu puis incorporez le jus du demi-citron et le persil ciselé. Salez, poivrez.

Si vous avez du temps, servez ce curry avec des naans à l'ail. En voici la recette :

1. Dans un grand bol, mélangez la farine, la levure chimique, le lait de soja, le yaourt végétal et le sel. Pétrissez quelques minutes jusqu'à obtenir une boule non collante. (Optionnellement, laissez reposer la pâte 1 heure dans un endroit chaud.)

2. Dans un petit bol, mélangez l'huile d'olive, la margarine fondue, le persil et l'ail.

3. Divisez la boule en 8 pâtons de taille égale. Abaissez-les à l'aide d'un rouleau à pâtisserie sur un plan de travail fariné.

4. Faites-les cuire les uns après les autres dans une poêle à feu moyen jusqu'à ce qu'ils soient bien dorés. Badigeonnez d'huile à base de persil et d'ail sur chaque face à l'aide d'un pinceau.

Nasi goreng

Pour
4 portions

Préparation 8'
Cuisson 12'

Difficulté
5/10

INGRÉDIENTS

400 g de riz jasmin (ou basmati)
200 g de tempeh nature
2 c. à soupe d'huile d'olive
3 c. à soupe de sauce soja
1 gros oignon
4 gousses d'ail
2 carottes (environ 200 g)
200 g de haricots verts
1 poivron rouge
1 c. à soupe d'huile de sésame torréfié
2 c. à soupe de sirop d'érable
1 c. à soupe de concentré de tomates
1 c. à café de pâte de piment (optionnel)

Idées de toppings et d'accompagnements

Graines de sésame
Oignons frits
Tranches de concombre
Tranches de tomate
Tranches d'avocat
Huile pimentée

L'astuce du chef

Je vous recommande de faire cuire le riz un jour avant et de le laisser au réfrigérateur toute la nuit. Cette technique asiatique permet de le dessécher – sans qu'il devienne pâteux et mou – pour qu'il absorbe ensuite parfaitement la sauce.

1. Faites cuire le riz 2 minutes de moins que les instructions figurant sur le paquet.

2. Pendant ce temps, coupez le tempeh en petits cubes. Faites-les revenir dans un grand wok avec 1 c. à soupe d'huile d'olive et 1 c. à soupe de sauce soja. Une fois qu'il est doré, réservez-le.

3. Dans le même wok, faites revenir l'oignon et l'ail pendant 2 minutes à feu moyen avec 1 c. à soupe d'huile d'olive.

4. Ajoutez les carottes, les haricots et le poivron coupés en petits cubes. Laissez frire quelques minutes. Ajoutez ensuite le tempeh ainsi que le riz cuit et mélangez.

5. Dans un petit bol, mélangez l'huile de sésame, la sauce soja restante, le sirop d'érable, le concentré de tomates et la pâte de piment. Versez ce mélange dans votre wok et mélangez pendant quelques minutes pour combiner le tout.

6. Servez le nasi goreng avec les toppings et accompagnements de votre choix.

Chili sin carne

Pour
4 portions

Préparation 5'
Cuisson 15'

Difficulté
4/10

INGRÉDIENTS

200 g de protéines de soja déshydratées
1 gros oignon
4 gousses d'ail
2 c. à soupe d'huile d'olive
2 c. à café de curry
1 c. à café de paprika fumé
1 c. à soupe d'herbes de Provence
2 c. à soupe de levure maltée
1 pincée de piment (optionnel)
1 c. à soupe de concentré de tomates
400 ml de sauce tomate
400 ml de bouillon de légumes
200 g de maïs
400 g de haricots rouges cuits
Sel et poivre

À savoir

En plus d'être une recette simple et rapide à réaliser, ce chili végétarien est très riche en protéines et en fibres. Il convient parfaitement aux sportifs qui cherchent à augmenter leurs apports en protéines.

1. Commencez par verser 500 ml d'eau dans une casserole et portez à ébullition. Plongez-y les protéines de soja, coupez le feu et laissez-les se réhydrater pendant environ 15 minutes.

2. Pendant ce temps, émincez finement l'oignon et l'ail. Dans une grande casserole (ou un wok), faites-les revenir 2 minutes à feu vif avec l'huile d'olive.

3. Ajoutez les épices et les herbes, le concentré de tomates, la sauce tomate, le bouillon de légumes, le maïs et les haricots rouges.

4. Laissez mijoter à couvert pendant 10 minutes.

5. Une fois que les protéines de soja sont réhydratées (elles doivent être bien tendres), égouttez-les et ajoutez-les à votre préparation.

6. Accompagnez ce plat de riz complet.

Soupe aux petits pois et légumes

Pour 6 portions

Préparation 10'
Cuisson 20'

Difficulté 4/10

INGRÉDIENTS

500 g de petits pois (frais ou surgelés)
1 gros oignon
4 gousses d'ail
2 c. à soupe d'huile d'olive
300 g de carottes
800 g de pommes de terre
150 g de céleri-branche
1 c. à café de paprika
2 c. à café d'origan
1 c. à café de thym
1 c. à café de romarin
1 litre de bouillon de légumes
200 ml de lait de coco
3 c. à soupe de fécule de maïs
Sel et poivre
Herbes fraîches (optionnel)
Graines de votre choix et pousses de brocoli (optionnel)
Huile pimentée (optionnel)

1. Commencez par émincer finement l'oignon et l'ail. Dans une grande casserole, faites-les revenir 2 minutes à feu vif avec l'huile d'olive.

2. Épluchez et coupez grossièrement les carottes, les pommes de terre et le céleri-branche. Ajoutez-les dans la casserole avec le paprika, les herbes et les petits pois.

3. Couvrez avec le bouillon de légumes et laissez mijoter à feu fort durant une quinzaine de minutes (ou jusqu'à ce que les pommes de terre soient tendres).

4. Pendant ce temps, mélangez le lait de coco et la fécule de maïs dans un petit bol.

5. Après 15 minutes, incorporez le mélange et laissez mijoter 2 à 3 minutes de plus à feu moyen (jusqu'à ce que la soupe épaississe).

6. Goûtez, salez, poivrez et ajoutez éventuellement des épices ou des herbes fraîches.

7. Servez la soupe avec les graines de votre choix, des pousses de brocoli et un peu d'huile pimentée sur le dessus (optionnel).

L'astuce du chef

Je vous recommande vivement de mixer la moitié de la soupe à l'aide d'un mixeur plongeant pour la rendre plus crémeuse.

Pâtes aux poivrons rôtis

Pour
4 portions

Préparation 20'
Cuisson 25'

Difficulté
4/10

INGRÉDIENTS

500 g de spaghettis
3 poivrons rouges
3 gousses d'ail
1 oignon
2 c. à soupe d'huile d'olive
80 g de noix de cajou
1 ou 2 c. à soupe de levure maltée
Le jus de ½ citron
1 c. à café de paprika fumé
200 ml de lait végétal
Sel et poivre
1 pincée de parmesan végétal
Graines de sésame (pour le service)

1. Nettoyez et coupez grossièrement les poivrons, les gousses d'ail et l'oignon. Disposez-les sur une plaque de cuisson recouverte de papier cuisson et arrosez-les avec l'huile d'olive. Enfournez pour 25 minutes à 185 °C.

2. Pendant ce temps, faites tremper les noix de cajou dans de l'eau chaude pour les ramollir.

3. Une fois que les légumes sont rôtis, laissez-les refroidir 5 minutes. Placez-les dans un blender avec les noix de cajou égouttées, la levure maltée, le jus de citron, le paprika, le lait végétal, le sel et le poivre. Mixez jusqu'à obtenir une sauce bien onctueuse.

4. Faites cuire les pâtes al dente.

5. Pendant ce temps, versez la sauce dans un wok et faites-la chauffer à feu doux.

6. Ajoutez les pâtes cuites, mélangez et servez. Saupoudrez de parmesan et des graines de sésame.

L'astuce du chef

Conservez une tasse d'eau de cuisson des pâtes pour l'ajouter à votre sauce afin de la rendre plus crémeuse.

Mac & cheese vegan

Pour
4 portions

Préparation 30'
Cuisson 15'

Difficulté
4/10

INGRÉDIENTS

500 g de macaronis complets
60 g de noix de cajou
200 g de pommes de terre
1 carotte (environ 100 g)
2 ou 3 c. à soupe de levure maltée
1 c. à café de curcuma
1 c. à café d'ail en poudre
1 pincée de noix de muscade
30 g de fromage râpé végan (optionnel)
30 g chapelure type panko
Sel et poivre

L'astuce du chef

Pour une texture parfaite, je vous recommande de sous-cuire légèrement les macaronis (2 minutes de moins que les indications figurant sur le paquet) car ils finiront leur cuisson lors du passage au four.

1. Faites tremper les noix de cajou dans de l'eau chaude pendant 15 minutes. Égouttez-les.

2. Pendant ce temps, épluchez et coupez les pommes de terre et la carotte en dés assez grossiers. Faites-les à cuire dans de l'eau bouillante pendant environ 15 minutes (jusqu'à pouvoir les transpercer avec une fourchette). Égouttez-les.

3. Préparez la sauce fromagère : dans un blender, versez les dés de pomme de terre et de carotte, les noix de cajou, la levure maltée, le curcuma, l'ail en poudre, la noix de muscade, le sel, le poivre et 350 ml d'eau.

4. Mixez jusqu'à obtenir un mélange crémeux et lisse. Goûtez et ajustez la quantité d'épices si besoin. Si la sauce est trop épaisse, ajoutez un peu d'eau pour obtenir la texture souhaitée.

5. Faites cuire les macaronis. Égouttez-les (réservez 100 ml d'eau de cuisson).

6. Versez les pâtes dans un plat allant au four. Ajoutez la sauce ainsi que l'eau de cuisson. Mélangez bien puis saupoudrez de fromage végan et de chapelure panko.

7. Faites griller au four 15 minutes à 180 °C et servez.

Les meilleures lasagnes

Pour
4 portions

Préparation 50'
Cuisson 25'

Difficulté
6/10

INGRÉDIENTS

12 à 16 feuilles de lasagne sèches
1,2 kg de sauce bolognaise (voir recette p. 18)
50 ml de sauce tomate
100 g de mozza végétale (voir recette p. 30)
1 poignée de basilic frais (optionnel)

Pour la sauce béchamel

60 g de margarine végétale (ou d'huile d'olive)
60 g de farine
500 ml de lait végétal (soja, riz, avoine…)
1 pincée de muscade en poudre
Sel et poivre

L'astuce du chef

Pour un montage plus facile, vous pouvez détremper les feuilles de lasagne dans de l'eau chaude pendant 2 à 3 minutes pour les ramollir.

1. Commencez par réaliser la sauce bolognaise maison en suivant les instructions p. 18. Réalisez ensuite la mozza végétale en suivant les instructions p. 30 (vous pouvez aussi la remplacer par une alternative achetée en grande surface).

2. Pendant que la sauce mijote, préparez la béchamel maison. Faites fondre la margarine dans une casserole à feu moyen. Ajoutez la farine tamisée et remuez pour obtenir une pâte bien lisse. Versez ensuite le lait végétal, la muscade, le sel et le poivre, puis mélangez jusqu'à ce que la sauce épaississe, toujours sur feu moyen. Une fois que la béchamel a la bonne consistance, réservez-la hors du feu.

3. Pour le montage, versez les 50 ml de sauce tomate au fond de votre plat à gratin et étalez-la bien. Recouvrez ensuite avec 3 ou 4 feuilles de lasagne. Par-dessus, versez une généreuse couche de bolognaise, puis une couche de sauce béchamel.

4. Répétez la même opération deux fois, de manière à avoir trois couches de chaque élément au total.

5. Terminez par une couche de feuilles de lasagne, puis recouvrez-les intégralement avec de la sauce béchamel et quelques tranches de la mozza végétale.

6. Enfournez pour 35 minutes à 185 °C et disposez quelques feuilles de basilic ciselé à la sortie du four.

Nouilles udon aux légumes

Pour 4 portions

Préparation 10'
Cuisson 25'

Difficulté 4/10

INGRÉDIENTS

1 kg de nouilles udon précuites
1 brocoli
1 c. à soupe d'huile d'olive
1 oignon rouge
3 gousses d'ail
2 carottes
1 poivron rouge

Pour la sauce

2 c. à soupe de ketchup (ou de sauce tomate)
2 c. à soupe de sauce soja
2 c. à soupe de sucre de coco
2 c. à soupe d'huile de sésame torréfié
1 c. à soupe de levure maltée
1 à 2 c. à café de paprika
1 c. à café de poivre

Idées de toppings

200 g de tofu croquant
1 oignon nouveau ciselé
Graines de sésame grillées

1. Nettoyez et coupez le brocoli en détachant les fleurettes. Arrosez-les d'huile d'olive, mélangez, puis faites-les griller dans un air fryer 12 minutes à 180 °C (ou au four 15 à 20 minutes).

2. Pendant ce temps, émincez finement l'oignon et l'ail. Taillez les carottes et le poivron en julienne.

3. Dans une grande poêle en fonte (ou dans un wok), versez 1 c. à soupe d'huile d'olive et faites revenir les oignons et l'ail 2 minutes à feu vif. Ajoutez ensuite les carottes et le poivron et laissez cuire à feu moyen (et à couvert) durant environ 10 minutes.

4. Pendant ce temps, versez tous les ingrédients de la sauce dans un bol, versez 100 ml d'eau et mélangez bien.

5. Une fois que les poivrons et les carottes sont cuits, déglacez avec la sauce et laissez cuire à petit feu 2 minutes de plus (quelques bulles doivent se former).

6. Faites cuire les nouilles udon en suivant les indications figurant sur le paquet et ajoutez-les dans votre wok avec le brocoli grillé. Mélangez bien et servez avec les toppings de votre choix.

L'astuce du chef

Si vous n'avez pas de nouilles udon, vous pouvez les remplacer par des nouilles de riz ou même des tagliatelles.

Boulettes de lentilles à l'indienne

Pour
4 portions

Préparation 1 h
Cuisson 30'

Difficulté
6/10

INGRÉDIENTS

Pour les boulettes

250 g de lentilles vertes (ou corail) crues
1 oignon rouge finement haché
4 gousses d'ail finement hachées
Huile d'olive
1 c. à soupe de concentré de tomates
2 c. à café de paprika fumé
1 c. à soupe de sauce soja
1 poignée de persil frais haché
40 g de graines de tournesol
20 g de graines de chia
40 g de flocons d'avoine
40 g de farine d'avoine (ou farine sans gluten)
Sel et poivre

Pour la sauce à l'indienne

1 c. à soupe d'huile d'olive
1 oignon rouge émincé
4 gousses d'ail émincées
15 g de gingembre frais râpé
1 c. à soupe de concentré de tomates
1 c. à café de cumin
1 c. à café de coriandre moulue
1 c. à soupe de garam masala
100 g de noix de cajou
400 ml de sauce tomate
200 ml de lait de coco
Coriandre (facultatif)
Sel et poivre

L'astuce du chef

Si c'est la saison, vous pouvez remplacer la sauce tomate par 500 g de tomates fraîches émincées, ce sera bien meilleur.

1. Commencez par faire cuire les lentilles en suivant les instructions figurant sur l'emballage.

2. Pendant ce temps, faites revenir l'oignon et l'ail dans une poêle légèrement huilée pendant quelques minutes à feu moyen.

3. Dans un mixeur, versez les lentilles cuites, le mélange d'oignon et d'ail et le reste des ingrédients des boulettes (sauf les flocons et la farine d'avoine). Mixez jusqu'à obtenir une pâte (j'aime garder quelques morceaux pour la texture), puis incorporez les flocons d'avoine, la farine d'avoine et laissez reposer au frais pendant 30 minutes.

4. Pendant ce temps, préparez la sauce. Dans un grand wok (ou poêle en fonte), faites chauffer l'huile d'olive. Ajoutez l'oignon, l'ail, le gingembre et faites-les revenir 2 minutes à feu moyen.

5. Ajoutez ensuite le concentré de tomates, les épices, les noix de cajou et la sauce tomate. Laissez mijoter à feu moyen pendant 10 minutes.

6. Mixez le tout à l'aide d'un mixeur plongeant jusqu'à obtenir une crème bien onctueuse (si vous n'en avez pas, vous pouvez utiliser un blender).

7. Façonnez les boulettes de lentilles avec vos mains légèrement humidifiées. Placez-les sur une plaque de cuisson et enfournez-les pour 30 minutes à 180 °C.

8. Faites chauffer la sauce doucement dans le wok avec le lait de coco. Ajoutez les boulettes une fois qu'elles sont cuites. Vous pouvez parsemer quelques feuilles de coriandre.

9. Servez ce plat avec du riz, de la purée ou des naans à l'ail (voir recette p. 54).

Portobello grillés et purée inratable

Pour
4 portions

Préparation 35'
Cuisson 10'

Difficulté
6/10

INGRÉDIENTS

Pour les steaks de portobello

8 gros portobello
1 poignée de persil frais
4 gousses d'ail
4 c. à soupe d'huile d'olive
2 à 3 c. à soupe de sauce soja
1 c. à soupe de miso rouge
1 c. à café de paprika fumé
1 c. à soupe d'herbes de Provence
1 pincée de piment (optionnel)

Pour la purée de pommes de terre

1 kg de pommes de terre
200 ml de lait de coco
1 c. à café de muscade
1 poignée de ciboulette (optionnel)
Sel et poivre

L'astuce du chef

Pour la purée, vous pouvez remplacer le lait de coco par un autre lait végétal (lait de soja, lait d'avoine, lait d'épeautre...). Attention car ils sont moins gras : je recommande donc d'ajouter 2 ou 3 c. à soupe de margarine végétale pour une texture plus onctueuse.

1. Hachez très finement le persil et les gousses d'ail.

2. Dans un bol, préparez la marinade en mélangeant l'huile d'olive, la sauce soja, le miso rouge, le paprika fumé, les herbes de Provence, le piment, le persil et l'ail.

3. Déposez les portobello dans un grand plat et badigeonnez-les généreusement de marinade sur les deux faces. Laissez-les mariner au moins 20 minutes (le plus longtemps sera le mieux).

4. Pendant ce temps, préparez la purée. Épluchez les pommes de terre et coupez-les en cubes. Faites-les cuire à la vapeur jusqu'à ce qu'elles soient tendres. Écrasez-les avec un presse-purée, puis ajoutez le lait de coco, la muscade, le sel et le poivre. Mélangez bien et terminez par une poignée de ciboulette finement ciselée.

5. Faites chauffer une poêle type « gril » à feu moyen. Déposez-y les champignons marinés. Faites-les revenir environ 5 minutes de chaque côté, jusqu'à ce qu'ils soient bien colorés.

6. Servez les steaks de portobello avec la purée maison. N'hésitez pas à ajouter des légumes de saison et la sauce de votre choix pour compléter votre assiette.

Knepfele alsaciens comme les faisait ma grand-mère

Pour
4 portions

Préparation 45'
Cuisson 15'

Difficulté
6/10

INGRÉDIENTS

Pour les knepfele

1,2 kg de pommes de terre
260 g de farine
4 c. à soupe de fécule de maïs
2 c. à soupe d'huile d'olive
1 c. à café de sel kala namak
1 c. à café de noix de muscade

Pour la sauce

200 g de tofu fumé
2 c. à soupe d'huile d'olive
1 oignon blanc
400 g de champignons de Paris
2 c. à soupe de tamari
1 c. à soupe de levure maltée
1 c. à café de curry
1 c. à soupe d'herbes de Provence
400 ml de bouillon de légumes
400 ml de lait de coco
2 c. à soupe de fécule de maïs
Sel et poivre

1. Épluchez les pommes de terre et coupez-les en cubes. Faites-les cuire à la vapeur jusqu'à ce qu'elles soient tendres. Laissez-les refroidir quelques minutes et écrasez-les avec un presse-purée. Ajoutez petit à petit la farine et le reste des ingrédients. Pétrissez la pâte jusqu'à obtenir une grosse boule assez compacte. Réservez.

2. Coupez finement le tofu en lamelles similaires à des lardons. Faites-les revenir quelques minutes dans une poêle avec 1 c. à soupe d'huile d'olive et réservez-les sur du papier absorbant.

3. Préparez la sauce : dans un grand wok légèrement huilé, faites revenir l'oignon finement haché. Ajoutez les champignons émincés, le tamari, la levure maltée, le curry et les herbes de Provence et laissez cuire à couvert pendant 5 à 10 minutes.

4. Ajoutez ensuite le bouillon de légumes, le lait de coco et la fécule de maïs ; laissez mijoter à feu doux pour que la sauce épaississe.

5. Pendant ce temps-là, faites chauffer une grande quantité d'eau dans une casserole.

6. Humidifiez vos mains et formez des boulettes d'environ 3 cm de diamètre avec votre pâte à knepfele. Plongez-les dans l'eau frémissante et laissez-les cuire (ils remontent à la surface quand ils sont cuits). Égouttez-les et servez-les avec la sauce aux champignons, les lardons de tofu et des croûtons de pain en topping.

L'astuce du chef

Selon la variété de pommes de terre que vous utilisez, il se peut que votre pâte à knepfele soit trop collante. Dans ce cas, n'hésitez pas à ajouter un peu de farine jusqu'à obtenir la bonne texture.

Le Wellington

Pour
8 portions

Préparation 1 h
Cuisson 40'

Difficulté
7/10

INGRÉDIENTS

Pour le Wellington

1 pâte feuilletée végane
500 g de champignons de Paris
2 carottes
1 branche de céleri
1 oignon rouge
3 gousses d'ail
Huile d'olive
250 g de pois chiches (déjà cuits, en bocal)
100 g de betterave cuite
100 g de noix concassées
2 c. à soupe de fécule de maïs
2 c. à soupe de concentré de tomates
2 c. à soupe de graines de lin mixées
40 g de farine blanche (ou de farine d'avoine)
1 c. à soupe d'herbes de Provence
1 c. à café de paprika fumé
Sel et poivre

Pour la dorure

20 g de margarine végétale fondue
10 ml de crème végétale
½ c. à café de curcuma

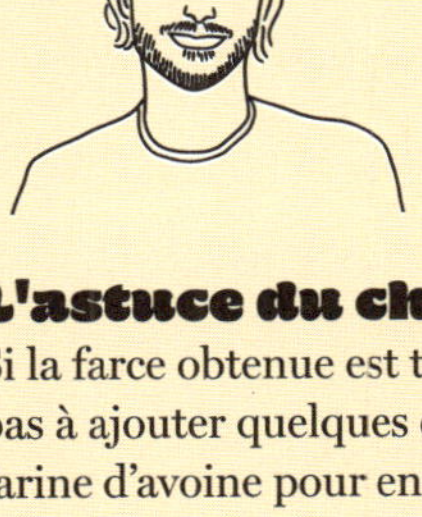

L'astuce du chef

Si la farce obtenue est trop molle, n'hésitez pas à ajouter quelques cuillères à soupe de farine d'avoine pour en modifier la texture.

1. Nettoyez et hachez finement les champignons. Faites-les cuire quelques minutes à feu moyen dans une poêle, jusqu'à ce que l'excédent d'eau s'évapore. Réservez.

2. Coupez finement les carottes, le céleri, l'oignon et l'ail. Faites-les revenir environ 5 minutes à feu moyen dans la poêle, avec un filet d'huile d'olive. Réservez.

3. Dans un grand bol, mélangez les pois chiches et la betterave coupée en dés, puis écrasez le tout à l'aide d'un presse-purée. Ajoutez ensuite les champignons cuits, le mélange à base de carottes et le reste des ingrédients. Combinez bien le tout pour obtenir une farce assez compacte.

4. Formez un boudin en roulant la farce dans de la cellophane. Laissez reposer au moins 30 minutes au frais (si vous avez le temps, laissez reposer plusieurs heures).

5. Enlevez délicatement la cellophane et déposez votre boudin sur la pâte feuilletée. Repliez les bords et décorez joliment.

6. Mélangez ensuite les ingrédients pour la dorure et badigeonnez le Wellington à l'aide d'un pinceau.

7. Enfournez pour 30 à 40 minutes à 180 °C. Accompagnez le Wellington avec une salade verte et des légumes de saison et régalez-vous !

Côté sucré • Côté sucré • Côté sucré • Côté sucré

Côté sucré • Côté sucré • Côté sucré

Cheesecake choco-avocat

Pour 8 portions

Préparation 25'
Repos 4 h

Difficulté 5/10

INGRÉDIENTS

Pour la base

120 g de noisettes
120 g d'amandes
200 g de dattes fraîches ou de dattes séchées réhydratées
2 c. à soupe de cacao
1 pincée de sel

Pour la crème

3 gros avocats mûrs
50 g de beurre d'amande
80 g de sirop d'érable
4 c. à soupe de cacao
1 c. à soupe de jus de citron
200 g de chocolat noir fondu

Pour le décor

Noisettes concassées
Chocolat noir fondu

L'astuce du chef

Si vous n'avez pas d'avocats, vous pouvez les remplacer par 400 g de tofu soyeux.

1. Mixezgrossièrement les noisettes et les amandes (gardez des morceaux pour le jeu de texture). Ajoutez les autres ingrédients et mixez jusqu'à obtenir une pâte légèrement collante.

2. Étalez et aplatissez cette base dans le fond du moule. Réservez au réfrigérateur.

3. Dans un mixeur, placez les avocats, le beurre d'amande, le sirop d'érable, le cacao et le jus de citron. Mixez jusqu'à obtenir une texture lisse et onctueuse. Ajoutez ensuite le chocolat noir fondu et combinez le tout pour que la crème soit homogène.

4. Versez cette crème au chocolat sur la base et placez le cheesecake au réfrigérateur jusqu'à ce qu'il ait bien figé (minimum 4 heures).

5. Au moment de servir, décorez le cheesecake avec des noisettes concassées et du chocolat fondu.

Tiramisu aux spéculoos

Pour 8-10 portions

Préparation 20'
Repos 4 h

Difficulté 5/10

INGRÉDIENTS

400 g de biscuits spéculoos (ou de boudoirs végans)
200 ml de café
20 g de cacao en poudre

Pour le mascarpone végétal

250 g de noix de cajou
400 ml de lait de coco en conserve
400 g de tofu soyeux
100 g de yaourt végétal nature
100 g de sucre blond
1/2 c. à café de vanille en poudre

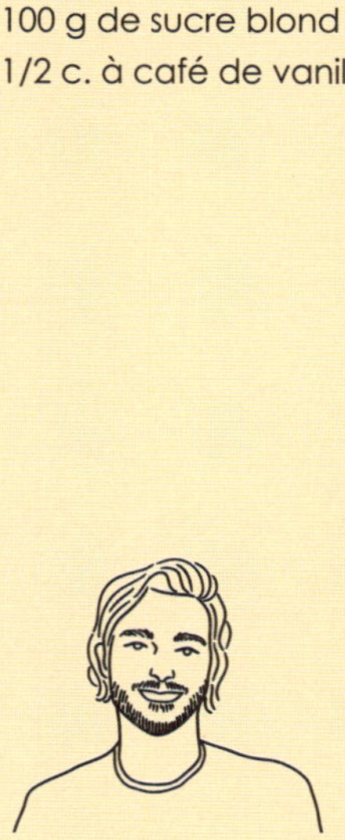

L'astuce du chef

Trempez les boudoirs très brièvement dans le café pour ne pas trop les imprégner. De cette manière, ils absorberont un peu d'humidité présente dans le mascarpone, ce qui permettra au tiramisu de se tenir parfaitement au moment de le servir.

1. La veille, faites tremper les noix de cajou dans de l'eau et placez la conserve de lait de coco au réfrigérateur.

2. Le lendemain, prélevez uniquement la partie solide du lait de coco (qui aura figé en haut de la conserve) et versez-la dans un mixeur avec les noix de cajou égouttées et le reste des ingrédients pour réaliser le mascarpone. Mixez à haute vitesse jusqu'à obtenir une crème bien lisse.

3. Pour le montage, trempez les boudoirs un à un dans le café et disposez-les dans un plat rectangulaire. Recouvrez-les d'une généreuse couche de mascarpone. Répétez l'opération une seconde fois.

4. Placez le tiramisu au réfrigérateur pour qu'il fige (minimum 4 heures).

5. Au moment de servir, saupoudrez le dessus du mascarpone de cacao pour la décoration.

La tarte aux pommes de ma grand-mère

Pour
8 portions

Préparation 20'
Cuisson 30'

Difficulté
5/10

INGRÉDIENTS
800g de pommes (ou autres fruits au choix)
1 c. à café de sucre de coco (optionnel)
1 c. à café de cannelle (optionnel)

Pour la pâte à tarte
220 g de farine de blé
40 g de fécule de maïs
40 g de sucre blond
1 pincée de sel
100 g d'huile de coco solide

Pour l'appareil à tarte
100 ml de crème végétale
10 g de fécule de maïs
½ c. à café de vanille en poudre
½ c. à café de cannelle
40 g de sucre blond (optionnel)

L'astuce du chef
Vous pouvez décliner cette recette à l'infini en fonction des saisons. Remplacez les pommes par les fruits de votre choix (mirabelles, poires, myrtilles, rhubarbe, fraises, cerises...), ça fonctionne à tous les coups.

1. Préparez la pâte : dans un bol, mélangez la farine, la fécule de maïs, le sucre et le sel. Ajoutez l'huile de coco et sablez la pâte à l'aide de vos mains. Incorporez petit à petit 60 ml d'eau tout en pétrissant, jusqu'à obtenir une boule qui s'amalgame facilement.

2. Étalez la boule entre deux feuilles de papier sulfurisé et transférez-la sur un moule à tarte.

3. Épluchez et coupez les pommes, puis disposez-les joliment sur le fond de tarte.

4. Dans un bol, mélangez les ingrédients de l'appareil à tarte et versez-le sur les pommes (je vous recommande d'essayer l'appareil sans ajouter de sucre, car bien souvent la sucrosité naturelle du fruit est suffisante).

5. Saupoudrez de sucre de coco et de cannelle et enfournez pour 25 à 30 minutes à 180 °C.

Tartelettes au citron meringuées

Pour
8 tartelettes

Préparation et cuisson 1 h 10
Repos 2 h

Difficulté
5/10

INGRÉDIENTS

Pour la pâte sablée
220 g de farine T55
65 g de poudre d'amandes
35 g de sucre blond
65 ml d'huile d'arachide (ou autre)

Pour la crème au citron
100 g de sucre blanc (ou de sucre blond)
35 g de fécule de maïs
250 ml de lait de soja
150 g de jus de citron
1 c. à soupe de zestes de citron vert
1 c. à soupe de zestes de citron jaune
40 g d'huile de coco

Pour la meringue
150 ml d'aquafaba
50 g de sucre glace

L'astuce du chef
Si possible, je vous conseille de réaliser la préparation d'aquafaba la veille et de la placer au réfrigérateur. L'aquafaba sera bien fraîche lorsque vous la monterez en neige, la meringue sera donc plus ferme.

1. Commencez par préparer la meringue. Versez l'aquafaba dans une casserole et portez à ébullition pour la faire réduire environ de moitié (à la fin, il doit vous rester environ 75 ml). Réservez au frais pendant au moins 2 heures.

2. Dans un bol, mélangez les ingrédients secs de la pâte sablée, puis ajoutez l'huile et 75 ml d'eau. Pétrissez avec vos mains jusqu'à obtenir une boule bien homogène.

3. Abaissez la pâte sur le plan de travail fariné et foncez les cercles à tartelettes. Faites-les cuire à blanc pendant environ 20 minutes à 180 °C (jusqu'à ce qu'ils soient bien dorés).

4. Préparez la crème : versez le sucre, la fécule de maïs et l'agar-agar dans une casserole. Délayez progressivement avec le lait de soja en veillant à ne pas faire de grumeaux. Ajoutez ensuite le jus de citron et les zestes. Portez le tout à ébullition en remuant constamment pendant 2 à 3 minutes, jusqu'à ce que le mélange épaississe. Hors du feu, incorporez l'huile de coco.

5. Versez la crème chaude sur les tartelettes et laissez refroidir et figer pendant au moins 2 heures.

6. Avant de servir, fouettez l'aquafaba (bien fraîche) à l'aide d'un batteur ou d'un robot jusqu'à obtenir une texture aérée semblable à celle des blancs en neige. Tout en continuant de fouetter, incorporez petit à petit le sucre glace tamisé.

7. Pochez la meringue sur la tarte et colorez-la à l'aide d'un chalumeau.

Bonus pour les gourmands

Pâte à tartiner végétale

INGRÉDIENTS

350 g de noisettes (ou d'un mélange amandes/noisettes)
80 g de chocolat noir à 70 % fondu
1 c. à soupe de sirop d'érable

1. Faites torréfier les noisettes au four pendant 12 minutes à 180 °C, puis laissez-les refroidir.

2. Frottez-les dans un torchon pour enlever une partie de la peau, puis mixez-les jusqu'à obtenir une purée de noisettes bien onctueuse (cela peut prendre plusieurs minutes).

3. Ajoutez le chocolat fondu et le sirop d'érable, mélangez le tout et transvasez dans un bocal en verre. Cette pâte à tartiner se conserve 2 semaines au frais.

Caramel de dattes

INGRÉDIENTS

250 g de dattes Medjoul
200 ml de lait de coco
1 pincée de fleur de sel

1. Mixez les dattes dénoyautées jusqu'à obtenir une pâte.

2. Ajoutez le lait de coco et la fleur de sel. Mixez de nouveau jusqu'à ce que le mélange soit homogène. (N'hésitez pas à ajouter un peu plus de lait de coco pour obtenir une consistance bien lisse.)

3. Mettez le caramel dans un pot hermétique et conservez-le au frais pendant quelques jours.

Energy balls

INGRÉDIENTS

100 g de farine d'avoine
60 g de beurre d'amande
30 g de sirop d'érable
10 g de cacao en poudre

1. Placez tous les ingrédients dans un bol et mélangez pour combiner le tout.

2. Formez avec vos mains des petites boules d'environ 2 cm de diamètre. (Vous pouvez éventuellement les rouler dans de la noix de coco râpée.)

3. Conservez-les à température ambiante jusqu'à 1 semaine.

Crème pâtissière

INGRÉDIENTS

500 g de lait végétal
½ gousse de vanille
100 g de sucre blond
50 g de fécule de maïs
1 c. à café d'agar-agar
60 g de margarine végétale (optionnel)

1. Incisez la gousse de vanille et grattez les graines à l'aide d'un couteau.

2. Transférez-les dans une casserole avec le lait de soja et portez à ébullition.

3. Pendant ce temps mélangez le sucre, la fécule de maïs et l'agar-agar dans un bol.

4. Versez le lait frémissant par-dessus et remettez le mélange sur feu moyen tout en remuant, jusqu'à ce qu'il épaississe.

5. Hors du feu, ajoutez la margarine, mélangez bien pour l'incorporer au mélange, filmez au contact et placez au frais au moins 6 heures.

Détendez la crème avec un fouet et utilisez-la pour tous vos desserts.

Mousse au chocolat express

INGRÉDIENTS

400 g de tofu soyeux
100 g de chocolat fondu
40 g de sirop d'érable
Aquafaba montée en neige (optionnel)

1. Mixez le tofu soyeux jusqu'à obtenir une crème bien lisse.

2. Faites fondre le chocolat au bain-marie. Incorporez le tofu soyeux et le sirop d'érable.

3. En option, montez l'aquafaba en neige à l'aide d'un batteur et ajoutez 4 c. à soupe à votre mélange pour l'aérer.

4. Transférez dans des ramequins et laissez prendre au frais pendant au moins 4 heures.

Le meilleur crumble

INGRÉDIENTS

60 g de poudre d'amandes
130 g de flocons d'avoine
40 g de sucre de coco
80 g de purée d'amandes
30 g d'huile de coco fondue
Fruits au choix

1. Mélangez tous les ingrédients, excepté les fruits, dans un bol.

2. Dans un plat allant au four, disposez joliment les fruits de votre choix (pommes, mirabelles, poires...).

3. Recouvrez avec une généreuse couche de crumble végétal.

4. Enfournez pour 25 minutes à 180 °C. Laissez refroidir et dégustez ce crumble, qui va vous changer la vie !

Table des recettes

REMERCIEMENTS

Je remercie toutes les personnes qui m'ont accompagné et aidé depuis mes débuts dans la cuisine. Je remercie notamment mes parents qui m'ont toujours soutenu et qui ont dû accepter que leur fils ingénieur prenne un virage à 180° pour vivre de sa passion, la cuisine.

Je remercie également les nombreuses personnes qui n'ont pas cru en moi, car sans le savoir elles m'ont donné une force et une détermination incroyable pour réussir.

Je remercie également Ilona, qui s'est occupée des photographies et du stylisme culinaire. Pour finir, je remercie toute l'équipe des éditions Marabout, sans qui ce livre n'aurait jamais vu le jour.

Hachette Livre – 58, rue Jean Bleuzen 92 178 Vanves Cedex

Maquette : NoOok
Relecture : Céline de Quéral

6338657
ISBN : 978-2-501-17930-0
Dépôt légal : août 2023
Achevé d'imprimer en août 2023 par Macrolibros.

MARABOUT
s'engage pour l'environnement en réduisant l'empreinte carbone de ses livres.
Celle de cet exemplaire est de :
600 g éq. CO_2
Rendez-vous sur www.marabout-durable.fr

PAPIER CERTIFIÉ